PIANO / VOCAL / GUITAR

GLAM ROCK

ISBN 978-1-4234-6689-5

HAL•LEONARD®
CORPORATION

7777 W. BLUEMOUND RD. P.O. BOX 13819 MILWAUKEE, WI 53213

Visit Hal Leonard Online at
www.halleonard.com

ALL THE WAY FROM MEMPHIS

Words and Music by
IAN HUNTER

Energetic Rock

* Recorded a half step lower.

Lyrics:

For - got ___ my six - string ra - zor,
Well, I got ___ to O - re - oles, you know,

hit ___ the sky.
it took a month.

Half way ___ to Mem -
And there was my gui -

phis be - fore I re - a - lized.
tar, e - lec - tric junk.

BANG A GONG
(Get It On)

Words and Music by
MARC BOLAN

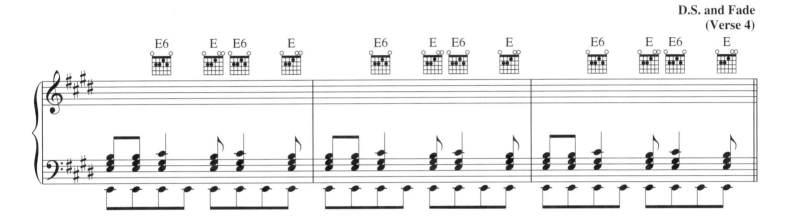

Additional Lyrics

2. You're built like a car
   You've got a hub cap diamond star halo
   You're built like a car oh yeah
   You're an untamed youth that's the truth
   With your cloak full of eagles
   You're dirty sweet and you're my girl.
   Chorus

3. You're windy and wild
   You've got the blues in your shoes and your stockings
   You're windy and wild oh yeah
   You're built like a car
   You've got a hub cap diamond star halo
   You're dirty sweet and you're my girl.
   Chorus

4. You're dirty and sweet
   Clad in black, don't look back and I love you.
   You're dirty and sweet oh yeah
   You dance when you walk
   So let's dance, take a chance, understand me
   You're dirty sweet and you're my girl.
   Chorus and Fade

ALL THE YOUNG DUDES

Words and Music by
DAVID BOWIE

A7   D   D/C#

you guessed, _____ I'm a dude, _ man. _____ (All the young dudes _
Lead vocal ad lib.

Bm   D/A   Am   G   F   C/E   C

_ car - ry the news. _____ Boo - ga - loo dudes _ car - ry the news. _

G C A   D   D/C#   Bm   D/A

_____ All the young dudes _ car - ry the news. _

Am   G   F   C/E   C

_ Boo - ga - loo dudes _ car - ry the news.) _

13

BALLROOM BLITZ

Words and Music by MIKE CHAPMAN
and NICKY CHINN

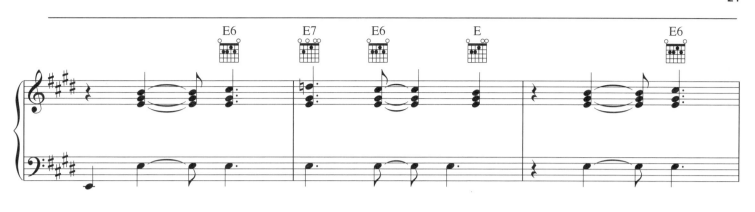

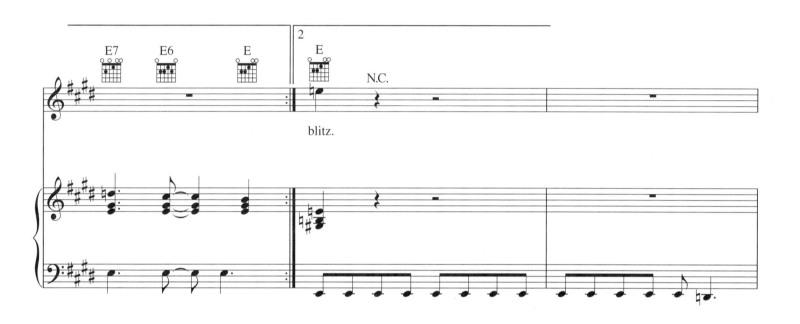

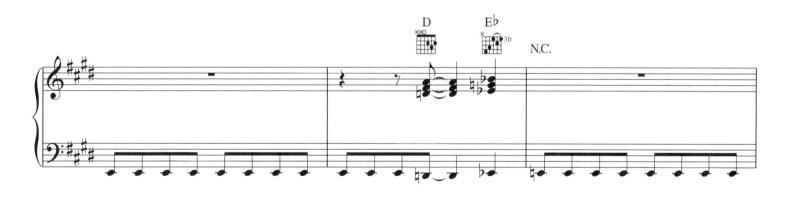

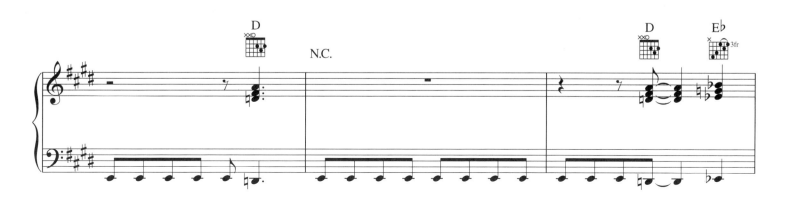

CHILDREN OF THE REVOLUTION

Words and Music by
MARC BOLAN

JEEPSTER

Words and Music by
MARC BOLAN

Fast, bluesy Rock

You're __ so sweet, you're __ so
You slide so good with bones so
Just like a car you're pleas - ing to be -

fine, I want you all and ev - 'ry - thing __
fair, you've got the u - ni - verse __ re - clin -
hold. I'll call you Ja - gu - ar __ if I __

__ a - just a - to be mine __ 'cause you're __ my babe, __
- ing __ in your hair __ 'cause you're __ my babe, __
__ may __ be so bold __ 'cause you're __ my babe, __

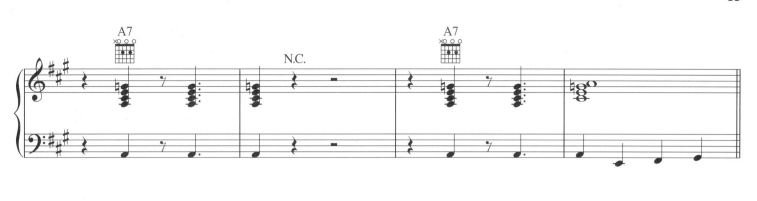

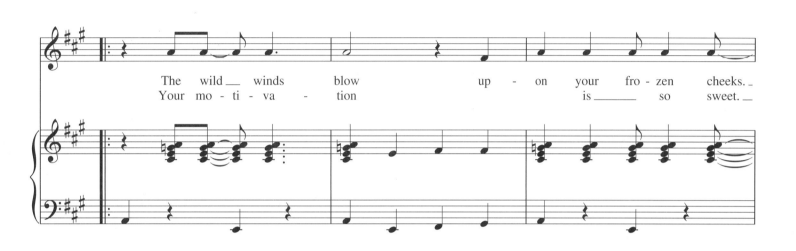

The wild __ winds blow __ up - on your fro - zen cheeks. __
Your mo - ti - va - tion __ is ____ so sweet. __

____ The way __ you flip your hip, it al -
____ Your ____ vi - bra - tions are all burn -

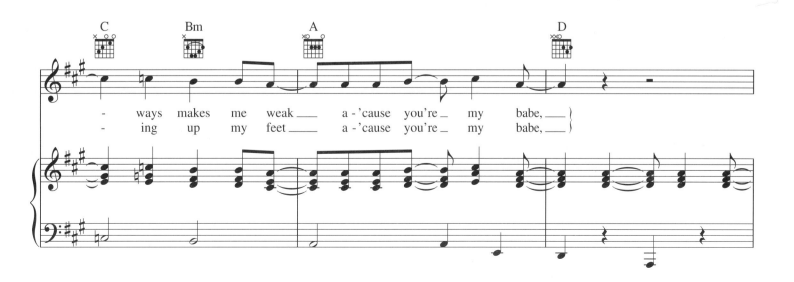

- ways makes me weak __ a -'cause you're __ my babe, __
- ing up my feet __ a -'cause you're __ my babe, __

yes, you're _ my love. ___

Oh, girl, I'm just a jeep-

-ster for ___ your love. _____

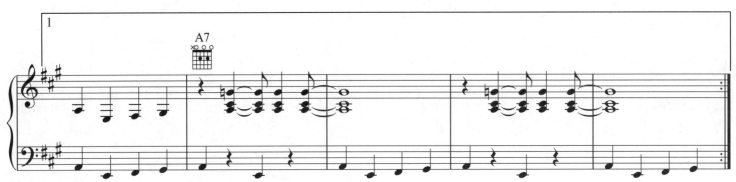

I said, girl, I'm just a vam - pire for your love. ____

(Spoken:) "And I'm going to suck you!"

Optional Ending

Repeat ad lib. and Fade

KILLER QUEEN

Words and Music by
FREDDIE MERCURY

LOVE IS THE DRUG

Words and Music by BRIAN FERRY
and ANDREW MACKAY

Moderately fast

LITTLE WILLY

Words and Music by MICHAEL CHAPMAN
and NICKY CHINN

lit - tle Wil - ly, Wil - ly won't go home.

Lit - tle Wil - ly, Wil - ly won't, Wil - ly won't, Wil - ly won't,

lit - tle Wil - ly, Wil - ly won't, Wil - ly won't, Wil - ly won't, lit - tle Wil - ly, Wil - ly won't,

LUST FOR LIFE

Words and Music by IGGY POP
and DAVID BOWIE

MAKE ME SMILE
(Come Up and See Me)

Words and Music by
STEVE HARLEY

NO MORE MR. NICE GUY

Words and Music by ALICE COOPER
and MICHAEL BRUCE

PERFECT DAY

Words and Music by
LOU REED

72

REBEL, REBEL

Words and Music by
DAVID BOWIE

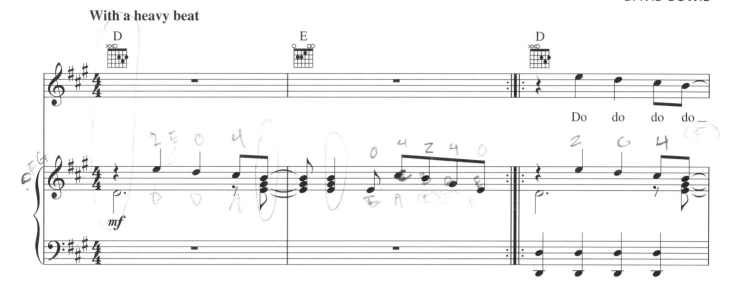

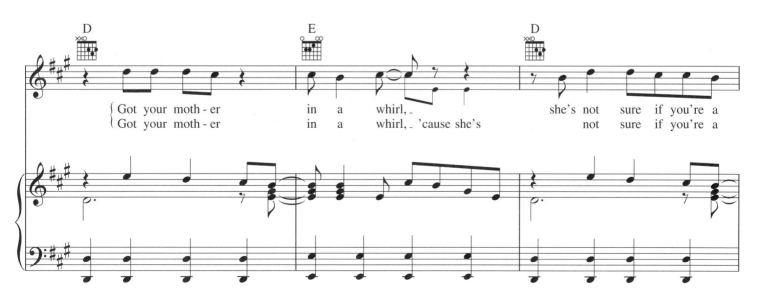

ROCK & ROLL - PART II
(The Hey Song)

Words and Music by MIKE LEANDER
and GARY GLITTER

STREET LIFE

Words and Music by
BRIAN FERRY

Moderately fast

Optional synthesizer

Wish ev-'ry-bod-y would
Come on with me crus-ing
Now I'm blind-ed I

los-ing your mind. _ Street life,   street life,

street life,   { what a life.
                        { that's the life.

SCHOOL'S OUT

Words and Music by ALICE COOPER
and MICHAEL BRUCE

91

SLAVE TO LOVE

Words and Music by
BRYAN FERRY

Lyrics:
Tell her I'll __ be wait - ing __ in the u - sual place, __
You're run - ning with __ me __ but don't touch __ the ground, __
The storm __ is break - ing __ so __ it seems, __

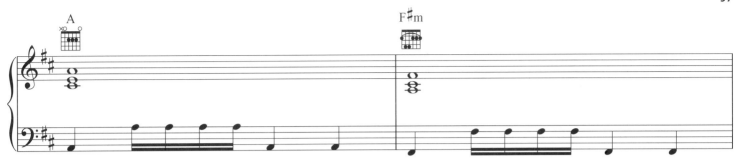

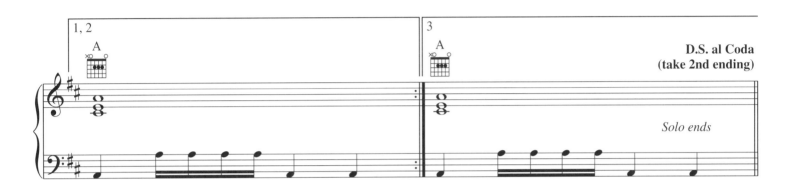

Na na __ na na, __ na na __ na na. __ Slave to love, __

__ and I can't __ es - cape, __ I'm a slave __ to love. __

SWEET JANE

Words and Music by
LOU REED

Additional Lyrics

2. Jack, he is a banker,
   And Jane, she is a clerk,
   And both of them save their monies.
   And when they come home from work,
   Sittin' down by the fire,
   The radio does play
   The March of the Wooden Soldiers,
   And you can hear Jack say...
   Sweet Jane. Sweet Jane. Sweet Jane.

3. Some people, they like to go dancin',
   And other people, they have to work.
   And there's even some evil mothers,
   Well, they're gonna tell you that everything is just dirt.
   You know that women never really faint
   And that villians always blink their eyes,
   That children are the only ones who blush
   And that life is just to die.

TEENAGE RAMPAGE

Words and Music by MICHAEL CHAPMAN
and NICHOLAS CHINN

All o-ver the land the kids are fi-nal-ly start-ing to get the up-per hand.
They're get-ting it on, ain't do-ing it wrong and they're gon-na do it, it won't be

D.S. al Coda

TWENTIETH CENTURY BOY

Words and Music by
MARC BOLAN

Rock

(1., 3.) Friends ___ say it's fine, friends ___ say it's good, ev-
(2.) Friends ___ say it's fine, friends ___ say it's good, ev-

WE ARE THE CHAMPIONS

Words and Music by
FREDDIE MERCURY

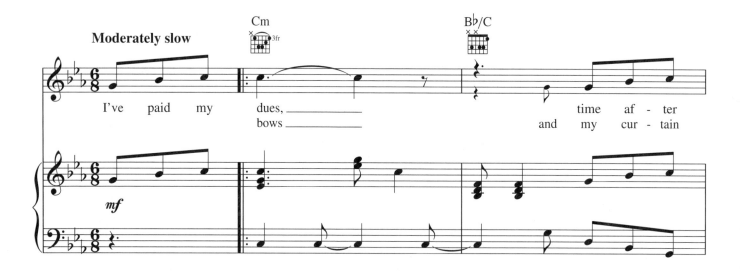

WE WILL ROCK YOU

Words and Music by
BRIAN MAY

Moderately

Bud - dy, you're a boy, make a big noise play - in' in the
Bud - dy, you're a young man, hard man shout - in' in the
Bud - dy, you're an old man, poor man plead - in' with your

street. Gon - na be a big man some - day. You got mud on yo' face, you big dis - grace,
street. Gon - na take on the world some - day. You got blood on yo' face, you big dis - grace,
eyes. Gon - na make you some peace some - day. You got mud on your face, you big dis - grace. Some-

kick - in' your can all o - ver the place, sing - in'
wav - in' your ban - ner all o - ver the place, sing - in'   } we will, we will rock you. __ We will, we will
bod - y bet - ter put you back in - to your place, sing - in'

1, 2

ZIGGY STARDUST

Words and Music by
DAVID BOWIE

SUFFRAGETTE CITY

Words and Music by
DAVID BOWIE

Fast Rock

Hey man, oh, __ leave me a - lone. __ You know, hey man, oh Hen - ry get off the phone. __ I got - ta, hey man, I got - ta straight - en my face, __ this

Additional Lyrics

2. Hey man, oh Henry, don't be unkind, go away.
   Hey man, I can't take you this time, no way.
   Hey man, say Droogie, don't crash here,
   There's only room for one and here she comes, here she comes.